MAT

BEURK

BEURK ET LE MONSTRE À BAVE ET LA FÊTE DES CRADOS

illustrations de **Nigel Baines**

texte français de **Raphaëlle Vigneron**

Seuil jeunesse

– Pour les monstres à bave :

Venetia
Geoff
Margaret
Kat
Toi
Heather
Jo
Elisa
Kate
Ingrid

L'édition originale de cet ouvrage a été publiée en 2007 en Grande-Bretagne
sous le titre : YUCK'S SLIME MONSTER
par Simon & Schuster UK Ltd –
Africa House – 64-78 Kingsway – London, WC2B 6AH
A CBS Company

ISBN : 978-2-02-098027-2 – Dépôt légal : septembre 2008
Achevé d'imprimer en juillet 2008 sur les presses de Rodesa en Espagne

Loi n°49-956 du 16 juillet 1949 sur les publications destinées à la jeunesse.

**IL ÉTAIT UNE FOIS
UN PETIT GARÇON TELLEMENT
DÉGOÛTANT QU'ON AVAIT DÉCIDÉ
DE L'APPELER BEURK.**

BEURK ET LE MONSTRE À BAVE

– Beurk, regarde ce que tu as fait !

Princesse Polly était devant la porte de la chambre de Beurk. Elle brandissait son magazine *Secrets de filles.* Les pages étaient poisseuses et dégoulinantes de bave.

– C'est pas moi qui ai fait ça, dit Beurk. J'ai pas touché à ton magazine débile.

Beurk était allongé sur son lit et lisait *Porky.* Il tourna la page…

OH, NON ! QU'AI-JE FAIT ? HURLA LE DOCTEUR FRANKENSTEIN -
LA MACHINE TOUSSA, PUIS S'ARRÊTA -
LE LIQUIDE VISQUEUX FAISAIT DES BULLES ET BOUILLONNA JUSQU'À CE QU'IL SE TRANSFORME EN...
...MONSTRE À BAVE !

LE MONSTRE À BAVE RUGIT. DES MOLLARDS GÉANTS ET VISQUEUX JAILLISSAIENT DE SES LÈVRES. « LE MONSTRE À BAVE ! » CRIAIT TOUT LE MONDE.
SAUVE QUI PEUT !

Polly donna un coup à Beurk avec son magazine.

– T'as pas intérêt à retoucher à *Secrets de filles* !

– Mais c'est pas moi !

– Alors qui a fait ça ?

Beurk se leva et rangea *Porky* dans son cartable.

– C'est sûrement le monstre à bave, répondit-il.

Tel un monstre à bave, Beurk tendit les bras droit devant lui et tourna en rond en tapant des pieds.

– Les monstres à bave n'existent pas ! dit Polly. C'est toi qui as fait ça avec tes limaces.

Elle souleva le couvercle du bureau de son frère et en inspecta le contenu. Il y avait plein de limaces dedans.

– Hé ! Sors ton nez de Bave-City !

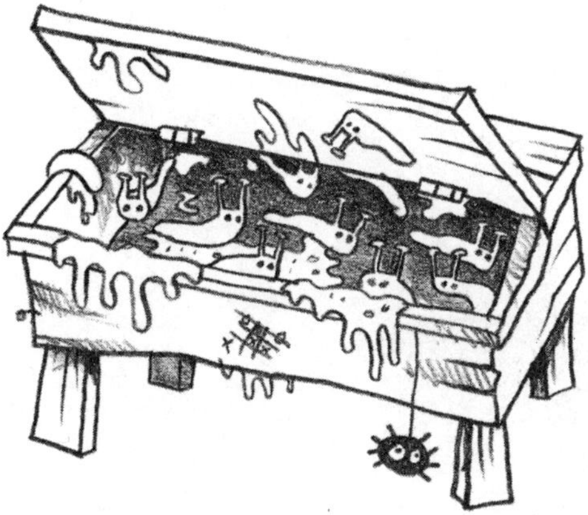

Polly attrapa une limace, la jeta par terre et…

– Non, arrête ! Ne fais pas ça ! hurla Beurk.

Polly marcha sur la limace…

… puis déguerpit.

Beurk regarda l'animal écrasé sur la moquette. Il le ramassa. De la bave dégoulinait le long de son corps.

– Tu n'es pas mort ? demanda Beurk en le caressant.

L'antenne de la limace remua faiblement.

– Ça va aller. Je vais m'occuper de toi, dit Beurk. Et après, on s'occupera de régler son compte à Polly !

Beurk descendit les escaliers en trombe, la limace à la main.

Polly attendait devant la porte d'entrée.

– Magne-toi, Beurk ! Je n'ai pas envie d'arriver en retard à l'école.

Beurk ignora sa sœur et poursuivit sa course jusque dans la cuisine. Il prit sur une étagère la mallette de premiers secours et en sortit de la bande. Il l'enroula autour de la limace.

Maman était en train de débarrasser la table du petit-déjeuner.

– Qu'est-ce que tu as là, Beurk ? demanda-t-elle.

– Ma limace, répondit Beurk. Elle s'appelle Héros. Je la soigne.

Beurk glissa la limace dans son cartable, puis partit à l'école avec Polly.

Il arriva dix minutes en retard. Madame Wagon, Le Dragon, faisait les cents pas devant le tableau.

Beurk ouvrit la porte sans faire de bruit.

– Qui va devoir s'occuper du Coin Câlin cette semaine ? demanda Le Dragon en pointant son parapluie droit devant elle.

Annette la Tête leva la main.

– Moi, Madame, s'il vous plaît, Madame !

Ben Bong aussi leva la main.

– Moi, Madame !

Beurk avança dans la salle à quatre pattes. Il réussit à dépasser la première rangée de bureaux, mais…

– Tu es ENCORE en retard, Beurk ! cria Le Dragon.

– Désolé, M'dame, répondit Beurk, mais j'ai eu une urgence de dernière minute.

Le Dragon lui donna un coup de pied aux fesses. Beurk vola au fond de la salle.

Il atterrit sur sa chaise, à côté de Tit'Éric.

Beurk sortit la limace de son cartable, lui défit son bandage et la montra à Tit'Éric.

– Qu'est-ce qui lui est arrivé ? chuchota Tit'Éric.

– Polly l'a écrabouillée. Mais elle va s'en sortir, dit Beurk. Elle s'appelle Héros.

– Mais qu'est-ce que tu as là ? gronda Le Dragon.

Le Dragon pointait son parapluie sur Beurk.
– Ma limace, M'dame, répondit-il.
– Sors-moi ça immédiatement ! Tu sais bien qu'il est strictement interdit d'apporter des animaux à l'école !
– Mais, M'dame…

Le Dragon donna un petit coup de parapluie à Beurk.

– Si tu veux jouer avec des animaux, alors tu n'as qu'à t'occuper du Coin Câlin !
– Mais, M'dame, dit Beurk, le Coin Câlin n'a rien d'amusant. Il n'y a qu'un hamster là-dedans, et tout ce qu'il sait faire, c'est tourner dans sa roue. Moi, j'aime les limaces, les escargots, les vers de terre et les serpents !

Le Dragon donna un grand coup de parapluie sur le bureau de Beurk.
– Tous les jours cette semaine, tu devras nettoyer la cage du hamster, lui donner à manger et changer son eau. Et ce, avant et après la classe !
– Mais, M'dame, je…
– Il n'y a pas de mais qui tienne ! Toute la semaine, tu devras arriver en avance à l'école et partir le dernier.

Beurk maugréa.
– Et maintenant, retournez-vous tous vers le tableau. Il est grand temps de commencer le cours de mathématiques !

Beurk refit un bandage à Héros, puis le remit dans son cartable. Il prit son numéro de *Porky* et l'ouvrit à l'intérieur de son livre de mathématiques : il avait bien envie d'en savoir plus à propos du monstre à bave. Beurk décréta que, le jour où il serait Empereur de l'Univers, il rebaptiserait le Coin Câlin, Zone Visqueuse. À l'intérieur, les murs seraient verts et gluants. Un monstre à bave habiterait dedans et, tous les midis, Beurk le laisserait sortir pour baver dans l'école…

COIN CÂLIN
ZONE VISQUEUSE

À la fin de la journée, Beurk prit la clé qui était accrochée sur le panneau « Coin Câlin », puis se dirigea vers une cabane située au fond de la cour de récréation. Il ouvrit le cadenas et entra à l'intérieur.

La cabane sentait le hamster et on entendait une roue tourner. Le bruit venait d'une cage posée sur une table dans un coin. Le hamster courait dans sa roue. Beurk s'approcha pour regarder à travers les barreaux de la cage. L'animal sautilla pour venir le voir.

– Tu n'as personne avec qui jouer, Hammie ? demanda Beurk.

Le hamster remua ses moustaches.

– Dis, t'as pas envie de t'amuser un peu ?

Les moustaches du hamster remuèrent à nouveau.

– Alors, c'est parti ! On va construire une machine à bave ! dit Beurk.

Hammie couina de plaisir. Beurk n'avait jamais construit de machine à bave, mais il avait bien observé celle décrite dans *Porky*. Il ouvrit la cage, attrapa Hammie, puis sortit Héros de son cartable. Le bandage de sa limace était trempé. Beurk le défit, et Héros bava sur la table.

Le hamster renifla la limace.

– Hammie, je te présente Héros. Héros, voici Hammie, dit Beurk.

Il posa la roue de Hammie sur la table et enroula autour d'un barreau une des extrémités de la bande. Il alla ensuite chercher un seau qui traînait dans un coin et fit passer l'autre bout de la bande autour de son anse. Pour finir, il noua ensemble les deux extrémités de la bande, de façon à former une boucle.

– Et voici notre machine à bave ! s'exclama Beurk.

Le hamster sauta dans la roue.

– T'as tout compris, Hammie. Tu vas être le moteur, et la bande sera le tapis roulant qui transporte la bave.

Beurk posa sa limace sur le tapis roulant.

– Et toi, Héros, tu vas être le fabricant de bave.

Beurk prit une feuille de laitue dans le bol de Hammie et l'accrocha en l'air à un bout de ficelle.

Lorsque Héros aperçut la salade, il se mit à avancer dans sa direction.

– Et maintenant cours, Hammie, cours ! dit Beurk.

Hammie courait, la roue tournait… et la bande se mit à bouger. Héros se dirigeait vers la laitue. Mais le tapis roulant allait dans l'autre sens : il entraînait sa bave de limace vers le seau.

Beurk regardait le liquide visqueux goutter…

PLOC ! PLOC !

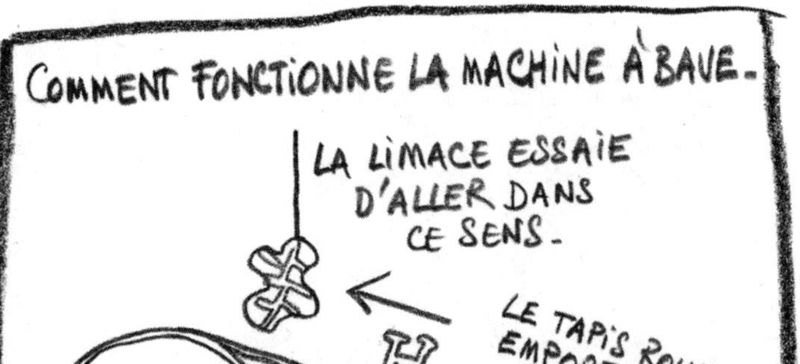

Beurk plongea son doigt dans le seau. La bave était froide et visqueuse. **PLOC ! PLOC ! PLOC !**

– Bonne nuit, Hammie. Bonne nuit, Héros, dit Beurk.

Il sortit sur la pointe des pieds, laissant Hammie courir comme un fou dans la roue et Héros baver de plaisir sur le tapis roulant.

Beurk ferma la porte à clé et rentra chez lui.

Quand il arriva à la maison, Polly était dans le salon. Elle regardait « Princesse Étoile ».

– On peut regarder « Malpropre » ? lui demanda Beurk.

– Non, j'étais là la première, lui dit Polly.

– Mais c'est parce que j'ai dû m'occuper du Coin Câlin.

– Le Coin Câlin ? Pourquoi est-ce que tu t'occupes du Coin Câlin ? Tu n'as plus de limaces pour faire mumuse ?

Polly prit une petite boule de bave de Héros qui était restée collée sous sa chaussure et la lança sur Beurk.

Il l'attrapa au vol et l'étala sur les cheveux de sa sœur. Il fila ensuite dans sa chambre pour lire la suite de *Porky*.

LE MONSTRE À BAVE SE MIT À BAVER SUR LA VILLE_
LES VOITURES DÉRAPAIENT COMME LA BAVE TOMBAIT À VERSE DANS LES RUES-
LES GENS SE MIRENT À HURLER EN VOYANT DE LA BAVE DÉGOULINER SUR LES IMMEUBLES
¡IL PLEUT DE LA BAVE !

Le lendemain matin, Beurk arriva le premier à l'école.

– Méga cool ! dit-il en ouvrant la porte du Coin Câlin.

Le seau était plein à ras bord. Toute la nuit, Hammie avait fait tourner la roue, et Héros avait bavé sur le tapis roulant. La machine à bave avait fonctionné !

– Bien joué, Hammie ! Bien joué, Héros !

Beurk posa Héros sur la table, à côté de la cage ; il sortit Hammie de la roue et leur donna à tous deux de la laitue et de l'eau fraîche. Il défit ensuite la bande, la replia et la cacha dans un coin de la cabane.

– À tout à l'heure ! Amusez-vous bien, dit-il.

Beurk prit le seau et sortit.

Pendant la récréation, il glissa une poignée de bave sous le tee-shirt de Tit'Éric.

Tit'Éric sentit quelque chose de gluant lui couler dans le dos.

– Eh ! dit-il. Qu'est-ce que c'est que ça ?

– De la bave ! lui expliqua Beurk.

Il lui montra le seau.

– Laisse-moi essayer, dit Tit'Éric.

Il prit une grosse poignée de bave et la jeta sur Beurk.

Beurk, à son tour, plongea la main dans le seau et aspergea Tit'Éric.

Ils en reprirent plein chacun et envoyèrent le liquide visqueux en l'air.

– Il pleut de la bave ! dit Beurk.

À cet instant, Princesse Polly et Lucie Jolie sortirent de la cantine en sautillant.

– HIIIII ! hurla Polly lorsqu'elle vit que de la bave coulait sur ses cheveux.

Lucie leva la tête et de la bave lui tomba en plein dans la bouche.

– AAAAAH ! cria-t-elle.

Beurk et Tit'Éric ricanèrent.

Mais à ce moment-là, Le Dragon traversa la cour d'un air furieux.

– Que se passe-t-il ici ? gronda-t-elle en voyant Polly et Lucie couvertes de bave.

– C'est Beurk ! dit Polly.

Tit'Éric se mit devant le seau pour le cacher.

– C'est pas vrai, c'est pas nous, M'dame, rétorqua Beurk.

– Et qui a fait ça, alors ? demanda Le Dragon.

– Le monstre à bave, M'dame, répondit Beurk. Il était affreux. On aurait dit un humain, mais il était tout visqueux et il avait l'air très méchant. Et il marchait bizarrement, M'dame. Comme ça...

Tel un monstre à bave, Beurk tendit les bras droit devant lui et tourna en rond en tapant des pieds.

– C'est absurde, dit Le Dragon.

– Les monstres à bave n'existent pas, Madame, ajouta Polly.

– Je veux que vous alliez tous vous rincer immédiatement, dit Le Dragon. Et quand j'aurai trouvé qui a fait ça, croyez-moi, ça va barder !

Malgré les menaces, Beurk et Tit'Éric passèrent le reste de la récréation à chercher d'autres limaces.

Après l'école, ils emmenèrent leurs nouvelles recrues au Coin Câlin.

Beurk récupéra la bande qu'il avait cachée et noua une des extrémités autour de la roue de Hammie. Cette fois-ci, il plaça DEUX seaux sur le sol et fit passer l'autre bout de la bande autour des deux anses.

Il attacha ensuite les deux extrémités ensemble : le tapis roulant était prêt.

– Ouah ! s'exclama Tit'Éric. Une machine à bave !

Beurk posa Héros sur le tapis roulant, puis aligna les autres limaces derrière lui.

– Qui dit plus de limaces, dit plus de bave ! s'écria Beurk.

Hammie bondit dans la roue et se mit à courir. La roue tourna, le tapis roulant bougea, et la machine commença à baver.

PLOC ! PLOC !

PLOC ! FLAC !

Hammie courait aussi vite qu'il le pouvait.

– Oui, c'est ça, lui dit Beurk. Garde le rythme.

Il s'assura que toutes les limaces étaient correctement alignées et imitaient Héros, en tête de course.

– La bave sera prête demain, dit Beurk à Tit'Éric. Retrouvons-nous ici de bonne heure…

Ils partirent, sans oublier de fermer la porte à clé.

Le lendemain matin, Beurk et Tit'Éric se dépêchèrent d'aller à l'école. Lorsqu'ils ouvrirent la porte du Coin Câlin, ils trouvèrent les DEUX seaux remplis à ras bord. La machine n'avait pas cessé de baver toute la nuit.

– Bien joué, Hammie, dit Beurk. Bien joué, Héros. Bravo tout le monde !

Il sortit Hammie de la roue et posa Héros et les autres limaces sur la table, juste à côté de la cage. Il leur donna de la laitue et de l'eau fraîche.
– À tout à l'heure. Amusez-vous bien !

Beurk sortit de la cabane, un seau plein de bave à la main. Tit'Éric se chargea de porter le deuxième. À l'heure du déjeuner, les deux garçons vidèrent les seaux dans le couloir de l'école, puis s'amusèrent à glisser sur la bave.
– Méga cool ! dit Beurk. C'est pas du skateboard qu'on fait, c'est du baveboard !

Pat le Prout et Ludo Crado accoururent.
– De la bave ! s'exclama Ludo Crado. Génial !
– Viens, on va essayer, dit Pat le Prout.

Au même moment, Polly et Lucie sortirent de la salle de classe de Mademoiselle Fortune.

Elles avaient toutes les deux les bras chargés de livres. Clip-Clop Chloé, Juliette Pipelette et Astrid Perfide les suivaient.

– Écartez-vous ! s'écria Pat le Prout.

– Aaaah ! hurla Polly.

– Au secours ! cria Lucie.

Pat le Prout et Ludo Crado glissaient droit sur elles.

ZOUM !

Les livres tombèrent en vrac, et tout le monde se mit à faire des glissades jusqu'à ce que…

FLAC ! Ils se retrouvent tous à terre.

Au moment où ils réussissaient juste à se remettre debout, Frank le Tank sortit des toilettes en courant. Il glissa sur la bave, tomba et se mit à rouler : on aurait dit une boule de bowling.

BOUM !

Il renversa tout le monde sur son passage.

Le Dragon, qui avait entendu le bruit, sortit précipitamment de sa classe.

– Que se passe-t-il ici ? gronda-t-elle.

Elle glissa et atterrit sur les fesses.

– Mais d'où vient toute cette bave ?

– C'est le monstre à bave, M'dame, dit Beurk.
– Le monstre à bave ! hurla tout le monde.
– C'est… C'est… C'est quoi un monstre à bave ? demanda Frank le Tank.
– Ça ressemble à un humain, mais c'est tout visqueux et ça a l'air très méchant, dit Beurk. Et ça marche bizarrement. Comme ça…

Tel un monstre à bave, Beurk tendit les bras droit devant lui et tourna en rond en tapant des pieds.
– Il ment. Les monstres à bave n'existent pas, dit Polly.

Le Dragon se releva et jeta un regard noir à Beurk.
– Si jamais j'apprends que tu as quelque chose à voir là-dedans, Beurk, tu auras affaire à moi ! Va demander une serpillière à Monsieur Dubalai et nettoie-moi ça. Et toi aussi, Éric.
– Mais c'est pas nous, M'dame, dit Tit'Éric. C'est…
– Je ne veux plus entendre d'absurdités concernant les monstres à bave ! répliqua Le Dragon.

Beurk et Tit'Éric ricanèrent en voyant que Le Dragon était obligée de patauger dans la bave pour regagner sa classe.

– C'est vrai qu'il y a un monstre à bave dans l'école ? demanda Frank le Tank.

– Oui, répondit Beurk. Et si jamais tu as le malheur de le toucher, ta peau fondra.

– Si tu entends le monstre à bave, la cire de tes oreilles fondra, ajouta Tit'Éric.

– Et si jamais tu aperçois le monstre à bave, tu n'auras plus qu'à... prendre tes jambes à ton cou !

Beurk et Tit'Éric rirent tout le long du chemin menant au placard de Monsieur Dubalai, le concierge. Là, derrière la serpillière, ils découvrirent plein de seaux.

Après l'école, Beurk, Pat le Prout, Ludo Crado et Tit'Éric partirent à la chasse aux limaces. Ils remplirent leurs poches d'animaux, puis se rendirent au Coin Câlin.

Beurk prit la bande et, cette fois-ci, la fit passer à travers DIX seaux.

– Cool ! Une machine à bave ! s'exclama Ludo Crado.

– Génial ! dit Pat le Prout.

Beurk posa Héros au début du tapis roulant. Les quatre garçons sortirent les limaces de leurs poches et les alignèrent derrière Héros. Hammie bondit dans la roue.

– Cours, Hammie, cours !

La machine commença à baver.

PLOC ! PLOC ! PLOC ! PLOC !

FLAC ! PLOC ! PLOC !

GLOUGLOU !

FLAC ! PLOC !

– On viendra récolter la bave demain matin ! dit Beurk.

Le lendemain matin, Beurk, Pat le Prout, Ludo Crado et Tit'Éric arrivèrent en avance à l'école. Ils coururent jusqu'au Coin Câlin.

Les DIX seaux étaient PLEINS à craquer !

– Bien joué, Hammie ! dit Beurk. Bien joué, Héros ! Bravo tout le monde !

Il rassembla Hammie et les limaces et leur donna de la laitue et de l'eau fraîche. Il enleva ensuite la bande de la machine et la cacha.

Beurk, Pat le Prout, Ludo Crado et Tit'Éric s'emparèrent des seaux pleins de bave et se mirent au travail.

– L'heure est venue de lâcher le monstre à bave, déclara Beurk.

À l'heure du déjeuner, les garçons vidèrent les seaux dans les salles de classe.

Ils enduirent de bave les fenêtres et les tableaux, les poignées de porte et les bureaux, les livres et les cartables.

Plus tard, lorsque Le Dragon s'assit sur sa chaise, un bruit de succion résonna dans la salle de classe. Elle s'aperçut alors que de la bave tombait du plafond. Du coup, elle ouvrit son parapluie !

Les garçons mirent aussi plein de bave sur les toilettes et les lavabos.

Ils trempèrent même les pizzas et les gâteaux de la cantine dans les seaux.

– Un monstre à bave s'est échappé ! s'écria Ben Bong, alors qu'il était sur le point d'avaler une cuillère… remplie de bave.

Tout le monde se rua dans la cour de récréation.

Mais la cour aussi était couverte de bave !

Juliette Pipelette glissa sur un barreau de la cage à poules et tomba ; Charlotte Chouchoute, elle, n'avait jamais dû dévaler le toboggan aussi vite de sa vie !

Monsieur La Terreur, le directeur, était en train de surveiller la récréation.

– Mais d'où sort toute cette bave ? demanda-t-il.

– C’est le monstre à bave, répondirent en chœur tous les élèves. Le monstre à bave vient pour nous enlever !

– Les monstres à bave n’existent pas ! cria Polly.

Avec Lucie, elle s’était assise dans un arbre pour essayer d’échapper à la bave.

Pendant ce temps, Beurk, Pat le Prout, Ludo Crado et Tit'Éric ramassaient encore plus de limaces.

– On n'a qu'à utiliser des escargots aussi, dit Beurk en remplissant son sac. On va construire la plus grosse machine à bave de tous les temps !

Après l'école, Beurk chipa quelques bandes à l'infirmerie, puis se rendit au Coin Câlin. Il noua toutes les bandes ensemble pour faire un tapis roulant superlong. Il le déroula ensuite dans toute la pièce, de haut en bas et d'avant en arrière.

Pat le Prout, Ludo Crado et Tit'Éric le rejoignirent les bras chargés de limaces et d'escargots.

– Il nous en faut beaucoup, dit Beurk en vidant son sac.

Pat le Prout enleva sa casquette et l'agita. Ludo Crado vida ses chaussures. Tit'Éric secoua son pantalon.

Des limaces et des escargots roulèrent sur le sol : il y en avait des centaines !

Les garçons mirent tous les animaux sur le tapis roulant.

– Tu vas devant, Héros, dit Beurk en posant sa limace le plus près de la feuille de laitue. Montre-leur ce qu'il faut faire !

– On a besoin d'autres seaux, remarqua Pat le Prout.

Ils répandirent des seaux, des boîtes, des pots et des vases partout dans la cabane.

Hammie bondit dans la roue et courut.

– Oui, c'est ça, Hammie ! dit Beurk.

Le tapis roulant se mit en marche. Les uns après les autres, les limaces et les escargots glissèrent dessus, et la machine commença à baver.

PLOC !
PLOC !
PLOC !
FLAC !

GLOUGLOU ! FLAC ! PLOUF !

– Bonne nuit, Hammie, dit Beurk. Bonne nuit, Héros. Bonne nuit, tout le monde.

Beurk, Pat le Prout, Ludo Crado et Tit'Éric se frayèrent un passage à travers les bandes et sortirent de la cabane. Beurk ferma la porte à clé.

– On viendra récolter la bave demain matin, dit-il. Il y en aura des tonnes, et on aura enfin notre Zone Visqueuse !

Lorsque Beurk rentra à la maison, Polly l'attendait.

– Je sais ce qui s'est réellement passé à l'école aujourd'hui, lui dit-elle. Les monstres à bave n'existent pas ! Et maintenant, j'en ai la preuve !

Elle sortit de derrière son dos le numéro de *Porky*.

Elle l'ouvrit à la page du monstre à bave.
– Le monstre à bave n'est qu'une histoire. C'est toi qui as mis de la bave partout dans l'école !
– Rends-moi mon *Porky* ! s'écria Beurk, en essayant de lui prendre le magazine des mains.

Mais Polly réussit à le glisser dans son cartable.
– Je vais tout rapporter. Et ça va barder pour toi !

Le lendemain matin, lorsque Beurk sortit de chez lui pour aller à l'école, Polly était déjà partie.

Quand il arriva, Le Dragon l'attendait devant les grilles de l'école. Elle avait dans la main son numéro de *Porky*.

Polly se trouvait derrière elle.
–Toi, suis-moi ! ordonna Le Dragon à Beurk.

Elle le traîna par l'oreille jusqu'au bureau de La Terreur.

Pat le Prout, Ludo Crado et Tit'Éric étaient déjà là.
– Je pense que vous nous devez à tous des explications ! leur dit La Terreur.

Ils les emmena dans la salle polyvalente.

Pendant ce temps, Polly était partie au Coin Câlin pour voir ce que Beurk avait fabriqué. Elle entendit des bruits bizarres de l'autre côté de la porte.

GLOUGLOU ! FLAC !
PLOC ! PLOUF !

Quelque chose coulait sous la porte : c'était de la bave !

Polly tourna la poignée, mais la porte était fermée à clé. Elle cogna et tira dessus de toutes ses forces.

Soudain, la porte s'ouvrit violemment…

Une rivière de bave jaillit et Polly tomba à la renverse. Elle était couverte de bave de la tête aux pieds !

Ses cheveux dégoulinaient et ses habits suintaient. Elle sentait des limaces gigoter dans ses chaussettes et des escargots remuer dans son pantalon.

Hammie surfa sur son visage visqueux.

Héros bava sur ses lèvres.

– Au secours ! cria Polly en essayant de se relever. À l'aide !!

Mais personne ne pouvait l'entendre. Toute l'école était réunie dans la salle polyvalente.

– Les monstres à bave n'existent pas, expliquait La Terreur aux élèves. Il n'y a aucune raison d'avoir peur. Et maintenant, nous en avons la preuve !

La Terreur brandit le numéro de *Porky* devant tout le monde et l'ouvrit à la page du monstre à bave.

– Le monstre à bave est un mensonge, dit la Terreur. Ce n'est qu'une histoire sortie tout droit du magazine d'un vilain petit garçon.

Il regarda Beurk dans les yeux.

– Ceci t'appartient-il ?

– Je peux le récupérer, s'il vous plaît ? demanda Beurk.

– C'est toi, Beurk ! C'est toi qui as mis de la bave partout dans l'école ! hurla La Terreur.

La salle fut soudain plongée dans le silence.

Beurk regarda La Terreur.

– Mais je vous l'ai déjà dit, Monsieur, c'est pas moi.

Beurk balaya la salle du regard.

– C'est le monstre à bave !

Les élèves retinrent leur respiration.

Le visage de La Terreur devint rouge de colère. Il hurla à Beurk :

– Les monstres à bave n'existent pas !!

À ce moment-là, les portes au fond de la salle claquèrent. Tout le monde se retourna.

Dans l'entrebâillement de la porte se trouvait une chose étrange : on aurait dit un humain, mais c'était plus visqueux et ça avait l'air très méchant. La chose avança lentement, les bras tendus droit devant elle. De la bave dégoulinait le long de son corps et couinait sous ses pieds.

La chose essaya de parler :

– Au secours !

Mais à la place, des grosses bulles de bave jaillirent de sa bouche.

Tous les élèves se mirent à hurler :
– Le monstre à bave !

Beurk ramassa son numéro de *Porky* et le glissa dans sa poche.
– Sauve qui peut ! cria-t-il en éclatant de rire.

LA FÊTE DES CRADOS

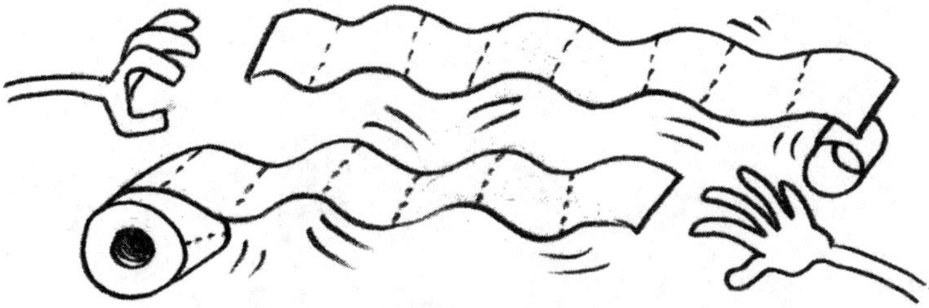

Princesse Polly mélangeait les ingrédients d'un gâteau dans un saladier.

Beurk avait les yeux rivés sur la préparation. Elle était gluante et chocolatée. Il en prit une bonne cuillérée et s'empressa de l'avaler.

– Bas les pattes ! dit Polly. C'est à moi.

Elle lui donna un coup de cuillère en bois.

– Va-t'en ! ajouta-t-elle. C'est MON gâteau d'anniversaire pour MA fête d'anniversaire. Et tu n'es pas invité !

Polly versa la pâte dans un moule à gâteau.

– Mais j'aime les gâteaux, moi ! dit Beurk.

Il se lécha les doigts.

– C'est vraiment pas de chance, le nargua sa sœur. Parce que t'en n'auras pas comme tu ne viens pas à mon anniversaire !

À ce moment-là, Maman entra dans la cuisine.

– Beurk, s'il te plaît, écarte-toi du passage, dit-elle.

– Maman, pourquoi je ne peux pas venir à l'anniversaire de Polly ? demanda Beurk.
– Parce que t'es un gros crado, dit Polly.
– Parce que l'année dernière, tu t'es tellement empiffré de gâteau que tu as vomi sur les cadeaux de ta sœur, lui rappela Maman.

Elle attrapa le moule à gâteau et l'enfourna.

Beurk prit discrètement le saladier et sortit de la cuisine. Il se faufila derrière Papa qui gonflait des ballons, puis courut dans sa chambre. Il s'assit sur son lit, mit le saladier sur sa tête et le fit tourner jusqu'à ce qu'il ait léché la dernière goutte de chocolat.

Beurk décréta que le jour où il serait Empereur de l'Univers, il organiserait la meilleure fête de tous les temps : LA FÊTE DES CRADOS !

Tout le monde serait invité.

Chacun porterait des déguisements immondes et jouerait avec de la bave, des limaces, de la boue et des asticots. Il faudrait sauter partout et manger tellement de gâteau au chocolat, que tous finiraient par vomir !

Beurk s'activa pour réaliser son projet.

Vers 3 heures, on sonna à la porte.
C'étaient Lucie Jolie et Tit'Éric.

Polly courut accueillir ses premiers invités.
– Bon anniversaire, Polly ! dit Lucie Jolie en entrant dans la maison.
– Qu'est-ce qu'il fait là, lui ? demanda Polly en désignant Tit'Éric.
– Je suis venu pour la fête ! répondit-il.
– Mais tu n'es pas invité.

Beurk apparut en haut des escaliers.
– Il n'est pas là pour TA fête, Polly, mais pour la MIENNE. C'est en haut que ça se passe, Éric ! cria-t-il.

Tit'Éric se précipita à l'étage. Lucie Jolie tendit à Polly un gros paquet-cadeau rose.
– Je ne savais pas que Beurk faisait une fête aussi, dit-elle.
– Moi non plus ! répondit Polly.

On sonna à nouveau.

C'était Astrid Perfide.

– Bon anniversaire, Polly ! s'exclama-t-elle.

Elle avait dans les bras un cadeau encore plus gros que celui de Lucie Jolie.

– Merci, répondit Polly en prenant le paquet à deux mains. Je l'ouvrirai plus tard.

Astrid Perfide et Lucie Jolie se rendirent au salon. Maman leur servit des sodas. Polly, elle, resta sur le pas de la porte : le reste de ses amies arrivait. Il y avait Daphné l'Ébouriffée, Clip-Clop Chloé, Juliette Pipelette, Charlotte Chouchoute et Médusine. Toutes avaient apporté un cadeau.

Polly était sur le point de fermer la porte quand…

– Oh non !

Ludo Crado et Pat le Prout remontaient l'allée de la maison.

– On vient pour la fête, dirent-ils.

– Mais vous n'êtes pas invités ! leur répondit Polly.

– Ils ne sont pas là pour ta fête, Polly, mais pour la mienne ! cria Beurk du haut des escaliers.

Ludo Crado et Pat le Prout se précipitèrent dans la chambre de Beurk.

– J'ai été obligé de tout cacher, dit Beurk à ses amis.

Il sortit de son armoire trois rouleaux de papier toilette, un flacon de Ketchup, un tube de dentifrice, un paquet de chewing-gums et une énorme bouteille de Coola-Cola.

Il mit un chewing-gum dans sa bouche, but quelques gorgées de Coola-Cola et mâcha.

BUUUUURP !

Une bulle de chewing-gum marron sortit de la bouche de Beurk.

Il l'attrapa entre ses doigts, puis la colla au mur.

– Et pour commencer, voilà de quoi faire des ballons ! dit-il en tendant les chewing-gums aux garçons.

Ils burent, mâchouillèrent, rotèrent et collèrent des ballons de chewing-gum au rot sur tous les murs.

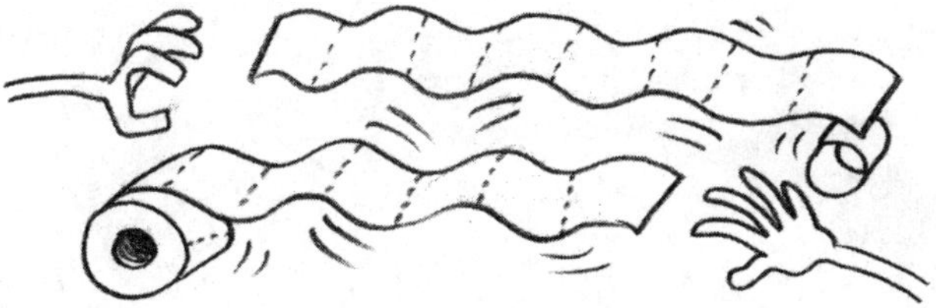

Tit'Éric et Ludo Crado déroulèrent les rouleaux de papier toilette de part et d'autre de la chambre pour faire des serpentins. Pat le Prout fit gicler du dentifrice au plafond : on aurait dit que des rubans pendaient au-dessus de leur tête. Beurk prit le Ketchup et le dirigea vers la fenêtre. Il pressa le flacon et écrivit « La Fête des Crados » sur la vitre. En un rien de temps, la chambre fut décorée.

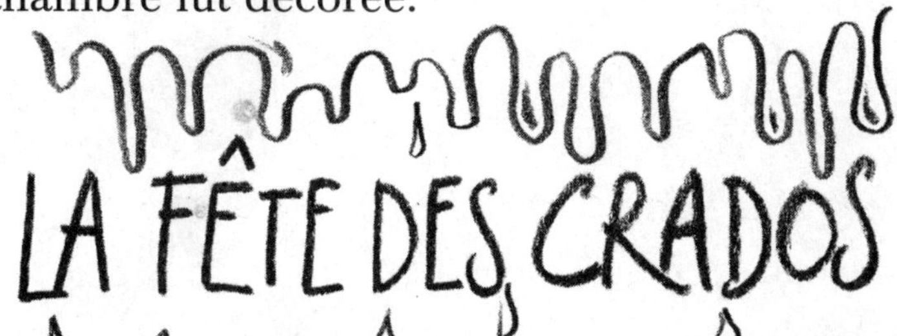

– Bienvenue à ma fête ! s'écria Beurk.

Il mit de la musique, et les quatre garçons s'amusèrent à sauter dans tous les sens et à se jeter les uns contre les autres, tout en buvant du Coola-Cola.

En bas, Polly était assise au milieu du salon devant l'énorme pile de cadeaux.

Le plafond tremblait.

– Beurk aussi fait une fête ? demanda Clip-Clop Chloé.

– Pas une vraie, répondit Polly.

Ses amies s'assirent en cercle et regardèrent Polly déballer ses cadeaux. Elle reçut une jupe disco et un tee-shirt assorti, du rouge à lèvres rose à paillettes, un poster de Princesse Étoile, un bracelet à breloques, un journal intime et un *Secrets de filles* hors série.

Maman et Papa étaient sur le pas de la porte. Ils regardaient les filles et souriaient.

– Vous voulez faire un jeu ? demanda Polly.

À l'étage, Beurk, Pat le Prout, Ludo Crado et Tit'Éric s'écroulèrent les uns sur les autres en rotant.

– C'est l'heure des cadeaux ! s'exclama Beurk.

Il prit trois paquets qu'il avait cachés sous son lit.

– À ma fête, tout le monde a droit à un cadeau.

Pat le Prout reçut une grosse limace visqueuse.

– Je l'ai appelée LA BÊTE ! dit Beurk.

Pat le Prout mit la limace sous sa casquette pour la garder en lieu sûr.

Ludo Crado déballa des dents de vampire en plastique.

– Je les ai trouvées au parc, raconta Beurk.

Pat le Prout les glissa dans sa bouche. Tit'Éric ouvrit son cadeau.

– Cool ! Des boules puantes ! s'exclama-t-il.

Beurk s'offrit un petit bout de pâte à gâteau qu'il avait gardé sur son menton. Il le lécha.

– Hum ! Allons-nous chercher à manger, suggéra-t-il.

Beurk, Pat le Prout, Ludo Crado et Tit'Éric descendirent les escaliers sur la pointe des pieds et allèrent espionner ce qui se passait au salon.

– Vous voulez qu'on se déguise ? proposa Polly.

– Je peux utiliser ton nouveau rouge à lèvres ? lui demanda Lucie Jolie.

– J'ai apporté du brillant à lèvres, dit Médusine.

À ce moment-là, Polly vit la tête de Beurk dépasser de la porte.

– Qu'est-ce que tu fiches là ? Je ne t'ai pas demandé de venir.

– On a faim, expliqua Beurk en louchant sur le goûter qui jonchait la table du salon.
– Dis-leur de partir, Maman !
– Vous pouvez prendre une petite assiette chacun et manger en haut, dit Maman. Mais ne revenez pas dans cinq minutes.

Chaque garçon prit une assiette en carton et la remplit de chips, de sandwichs, de biscuits, de gelée et de crème glacée.

– Eh, un p'tit instant. Où est le gâteau au chocolat ? demanda Beurk.
– On va le manger plus tard, répondit Polly. Mais vous n'en aurez pas une seule miette.

Beurk fourra une bouteille de Coola-Cola sous son tee-shirt, et les garçons filèrent à l'étage.

– Et maintenant, on peut commencer à jouer ! dit Beurk.

Il ouvrit un sandwich au fromage et y ajouta une poignée de gelée.

– Le premier jeu s'appelle « Tourne et Vomis ».

Tous se mirent à manger aussi vite que possible. Ils engloutirent les sandwichs à la gelée, la crème glacée, les biscuits et les chips, puis burent le Coola Cola.

– Et maintenant, TOURNEZ ! dit Beurk.

Tout le monde se leva et se mit à tourner.

– Allez, plus vite ! cria Beurk. Le premier qui vomit a gagné.

Ils tendirent les bras sur les côtés et tournèrent de plus en plus vite.

– J'ai la tête qui tourne, dit Ludo Crado.

– J'ai des vertiges, dit Pat le Prout.

– Je ne me sens pas bien, dit Tit'Éric.

Son ventre gargouillait.

– Vite, secouez-moi !

Les autres l'attrapèrent par les pieds et se mirent à le secouer.

– Oui, c'est ça, dit-il. Encore plus fort !

Beurk, Pat le Prout et Ludo Crado firent tourner Éric dans tous les sens.

Tit'Éric ouvrit la bouche.

– Ça vient !

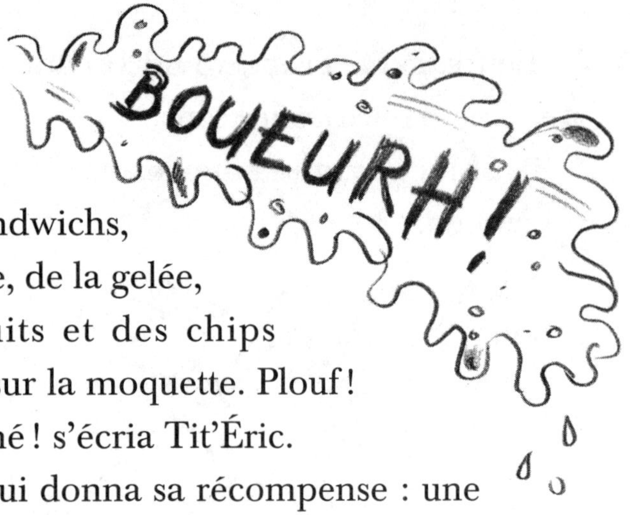

Des sandwichs,
de la glace, de la gelée,
des biscuits et des chips
giclèrent sur la moquette. Plouf !
– J'ai gagné ! s'écria Tit'Éric.

Beurk lui donna sa récompense : une loupe de superespion qu'il avait eue dans *Porky*.

Les garçons se regroupèrent autour du vomi pour l'inspecter.

– C'est de la tarte à la confiture, ça ? demanda Ludo Crado. J'en ai pas eu, moi !

Il ramassa le morceau et mordit dedans avec ses dents de vampire. La confiture gicla : on aurait dit du sang.

– C'est l'heure de se déguiser ! dit alors Beurk.

Ludo Crado se fit une cape de vampire avec une serviette de toilette. Pat le Prout s'enroula dans un rouleau de papier toilette : il était déguisé en momie. Beurk se colla un œil en plastique sur le front ; comme ça, il ressemblait à un monstre.

Tit'Éric prit une paire de lunettes de piscine dans le tiroir de Beurk.
– Il y a une récompense pour le meilleur déguisement ?

Beurk acquiesça.
– Il y a un scorpion en caoutchouc à gagner !
– Alors, regardez ça ! dit Tit'Éric.

Tout le monde observa Tit'Éric ouvrir le bureau de Beurk et tremper sa tête dans Bave-City. Quand il la ressortit, de la bave verte et luisante dégoulinait le long de son visage.
– Je suis un extraterrestre venu tout droit de la planète Xarg ! s'écria-t-il.

Le vampire, la momie et le monstre rirent en chœur.
– On dirait une grenouille !

Tit'Éric s'assit… en plein dans son vomi.
– Oh ! Tant pis, c'est pas grave, dit-il en souriant. Ta fête est super, Beurk. Bien mieux que celle de Polly.

En bas, Polly et ses amies jouaient à la « pêche à la chance ». Elles étaient assises autour d'un bocal rempli de sucettes. Un message était écrit à l'intérieur de chaque papier qui enveloppait les sucreries. Polly prit une sucette et la déballa.
– Tu seras riche, lut-elle.

Lucie Jolie piocha à son tour.

– Tu seras célèbre !
– À moi, dit Juliette Pipelette.

Au même moment, en haut, Beurk sortait son jeu de « pêche au dégoût ». Il avait rempli un bocal d'asticots vivants et avait caché dedans des défis plus dégoûtants les uns que les autres.

Pat le Prout, Ludo Crado et Tit'Éric plongèrent la main dans le pot.
– C'est chaud et ça chatouille là-dedans ! dit Ludo Crado.

Il sortit un bâton. Une croûte était plantée dessus. Le garçon déplia un papier qui était collé sur le bout de bois et lut à voix haute : « Lèche-moi. »

– J'ai attendu un mois avant de l'arracher celle-ci, expliqua Beurk.

Ludo Crado tint le bâton comme une sucette. Il tira la langue et lécha la croûte de bon cœur.

– Baaaah !

Tit'Éric attrapa un paquet de chips sur lequel était écrit : « Mange-moi. » Le sachet contenait des ongles de pied ayant appartenus à Beurk. Il en prit une poignée et mâcha.

– Ça a le goût de fromage !

Beurk tomba sur une boîte d'allumettes. « Sens-moi », disait-elle. Il l'ouvrit et renifla.

– Mais y'a rien là-dedans ! grognèrent les autres.

Beurk leur mit la boîte sous le nez.

– POUAH ! Qu'est-ce que c'est ?

– Des pets de chat, expliqua Beurk.

– À moi, maintenant, dit Pat le Prout.

Il attrapa une petite boîte sur laquelle était écrit : « Mets-moi dans ton pantalon. »

La boîte renfermait une grosse araignée velue.

Pat le Prout tira sur l'élastique de son pantalon et glissa l'araignée dedans.
– Ça chatouille, dit-il.

Il se mit à se dandiner.
– On dirait que tu danses, dit Tit'Éric.

Tit'Éric, Ludo Crado et Beurk se levèrent. Ils agitèrent leurs jambes et se dandinèrent en même temps que Pat le Prout. Ils faisaient la danse de l'araignée en transe.

Pendant ce temps, dans le salon, les amies de Polly chuchotaient entre elles.

– Qu'est-ce qui se passe là-haut ? demanda Médusine.

– On dirait qu'ils dansent encore, dit Juliette Pipelette.

– On ne pourrait pas danser, nous aussi ? suggéra Médusine. J'adore danser.

– Moi aussi, dit Clip-Clop Chloé en se mettant à sauter d'un pied sur l'autre.

– D'accord ! dit Polly, mais seulement si c'est moi qui choisis la musique.

À l'étage, Beurk se glissa sous son lit. Il réapparut avec une pomme pourrie.

– Ce jeu s'appelle « Trouve l'asticot », dit-il.

Il fit des trous dans la pomme avec un crayon. Il prit un asticot dans le bocal de la « pêche au dégoût » et le fit passer dans un des trous de la pomme.

Beurk posa le fruit par terre et le fit tourner comme une toupie.

– Il y a une récompense pour celui qui trouve l'asticot, dit-il.

Chacun à leur tour, les garçons mordirent dans la pomme.

Au bout du deuxième morceau qu'il croquait, Pat le Prout sentit quelque chose se glisser dans sa bouche. Il l'ouvrit en grand.

– J'ai gagné !

Un asticot se tortillait sur sa langue.

– C'est quoi ma récompense ?

Beurk ramassa la pomme entamée et fourra un asticot dans chacun des trous restants.

– T'as gagné le droit de manger ce qui reste, dit-il en rigolant.

En bas, Polly dansait.

– Suivez-moi. Un pas à gauche, un pas à droite…

Elle se retourna. Ses amies s'étaient assises et chuchotaient.

Polly éteignit la musique.

– Qu'est-ce qu'il y a ? demanda-t-elle.

– On a envie de faire quelque chose d'amusant, répondit Charlotte Chouchoute.

– J'ai une idée ! On n'a qu'à faire une chasse au trésor, suggéra Polly.

– Et c'est quoi le trésor ? demanda Charlotte Chouchoute.

– Une grosse barre de chocolat ! répondit Polly.

Quand elles entendirent ça, les filles se relevèrent d'un bond.

– Il faut chercher dans la maison. Prêt… Feu… Partez !

Elles se précipitèrent toutes vers la porte du salon et se bousculèrent pour sortir.

À l'étage, Beurk ouvrit son bureau et sortit trois limaces de Bave-City.

– Le jeu suivant est une course, annonça-t-il. Une course de limaces !

Il donna une limace à Ludo Crado et à Tit'Éric.

– Moi, je vais prendre Héros, dit-il en leur montrant sa limace préférée. Et Pat, t'auras qu'à utiliser La Bête.

À l'aide du dentifrice, Beurk dessina une piste de course sur la moquette. Il fit ensuite une ligne « Départ » et une ligne « Arrivée ».

– La première limace qui franchit la ligne d'arrivée gagne une grosse barre de chocolat, précisa-t-il.

Beurk se mit debout sur son lit et prit sur son étagère poussiéreuse une barre géante de Chocoblock.

– Ouah ! T'as eu ça où ? demanda Tit'Éric.

– Je l'ai trouvée dans le placard sous l'escalier, répondit Beurk.

Les garçons posèrent leur limace sur la ligne de départ.

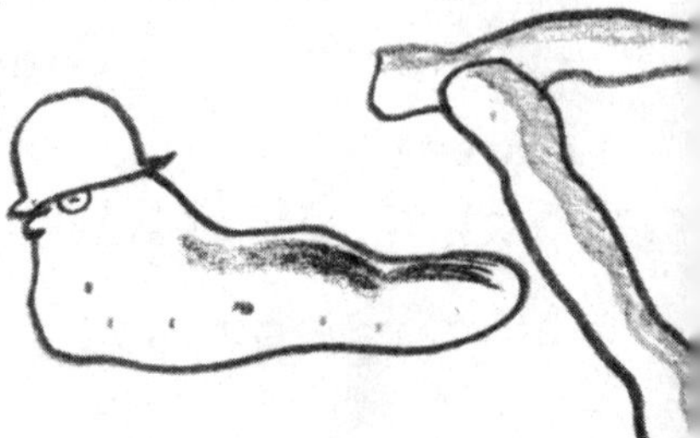

– Prêt... Feu... Partez !

La limace de Tit'Éric était en tête.

Héros la suivait de près.

La limace de Ludo Crado partit dans la direction opposée.

– Mais c'est pas par là ! cria-t-il.

– Allez, vas-y ! encouragea Tit'Éric.

La Bête se mit à manger du dentifrice.

– C'est pas le moment, La Bête ! dit Pat le Prout en poussant sa grosse limace visqueuse.

– On n'a pas le droit d'utiliser nos mains, dit Beurk. Si on veut faire bouger nos limaces, il faut le faire avec le nez.

À cet instant, on frappa à la porte.

– Qui est là ? demanda Beurk.

– C'est Chloé.

Beurk s'assit sur la barre de chocolat, juste avant que Clip-Clop Chloé entre dans la chambre.
– Désolée de vous déranger, dit-elle, mais je suis à la recherche d'une grosse barre de chocolat.
– C'est pas ici, répondit Beurk.

Clip-Clop Chloé regarda les limaces et le dentifrice étalé par terre.
– Qu'est-ce que vous faites ? demanda-t-elle.
– On fait une fête, lui dit Pat le Prout.
– Et pourquoi Tit'Éric a de la bave partout sur la tête ?
– Parce que c'est la fête des crados, la meilleure fête de tous les temps ! expliqua Tit'Éric.
– Ça a l'air marrant, dit Clip-Clop Chloé.

– Chloé ! cria Polly du bas des escaliers. T'es où ?
– Faut que j'y aille, dit Chloé.

Elle referma la porte et clopina jusqu'au salon.

La limace de Tit'Éric était maintenant largement en tête. Il lui donnait des petits coups de nez pour l'aider à avancer. Mais, soudain, l'animal s'arrêta. Tit'Éric l'avait poussé dans son vomi.

– Je te double ! dit Beurk comme Héros dépassait la limace de Tit'Éric.

– Personne ne peut battre LA BÊTE ! s'écria Pat le Prout.

Il éternua, et La Bête vola au-dessus de la ligne d'arrivée.

– J'ai gagné !

Pat le Prout prit la barre de chocolat.
– Qui en veut ?

En bas, les amies de Polly conspiraient.
– Comment peut-on organiser une chasse au trésor sans trésor ? chuchota Daphné l'Ébouriffée.
– Cette fête est vraiment nulle, ajouta Charlotte Chouchoute.
– Je vous promets qu'il y avait du chocolat. Une barre géante de Chocoblock. Je l'avais cachée dans le placard sous l'escalier. Je vous le jure, dit Polly.
– Peut-être qu'on devrait toutes rentrer, chuchota Astrid Perfide.

– Non, s'il vous plaît, ne partez pas ! On n'a pas encore joué à « Passe le paquet ». Et après, on pourra manger le gâteau !

Polly alla chercher un gros paquet qui était emballé dans plusieurs couches de papier rose.

– Maman ! appela-t-elle.

Maman sortit de la cuisine et mit de la musique dans le salon. Les filles s'assirent en cercle et commencèrent à se passer le paquet. Quand la musique s'arrêtait, celle qui avait le paquet devait enlever une couche de papier cadeau.

À l'étage, Beurk sortit de son armoire un seau rempli de boue.

– Qui veut jouer à « Passe la boue » ? demanda-t-il.

Il mit de la musique et les garçons commencèrent à faire tourner le seau.

– Dès que j'arrête la musique, celui qui a le seau doit prendre une poignée de boue, expliqua Beurk.

– Elle pue cette boue ! dit Pat le Prout en se reniflant les doigts.

– Il y a du caca de chien dedans, leur confia Beurk.

Tit'Éric prit une poignée de boue et sentit à son tour.

Ludo Crado prit une poignée de boue et la jeta sur Tit'Éric.

Beurk prit une poignée de boue et la jeta sur Pat le Prout.

Il y avait un cadeau au fond du seau. Tit'Éric l'attrapa et gratta la boue qui était collée dessus.

– Un pistolet à bulles ! Génial !

En bas, Polly et ses amies arrivaient à la dernière couche de papier cadeau.

La musique s'arrêta. Le paquet était posé sur les genoux de Charlotte Chouchoute.

Elle le déballa avec grand soin.

– Ça pue, dit-elle.

– Ça pue vraiment, ajouta Juliette Pipelette.

Le cadeau était marron.

Charlotte Chouchoute posa doucement son doigt dessus.

–De la crotte de chien !!! hurla-t-elle.

– C'est pas possible ! dit Polly. Il devait y avoir un pistolet à bulles dedans !

En haut, les bulles flottaient de part et d'autre de la chambre de Beurk. Les garçons s'amusaient à sauter pour les éclater.

– Beurk ! cria Polly en se précipitant dans les escaliers.

Beurk cala une chaise contre sa porte.

– Où est passé mon pistolet à bulles ? Et qu'est-ce que tu as fait de mon chocolat ? hurla Polly en secouant la poignée de toute ses forces. Ouvre et rends-moi mes cadeaux !

– Je ne sais pas de quoi tu parles, Polly, dit Beurk.

Polly redescendit en tapant des pieds.
– Je vais le dire à Maman !

Mais lorsqu'elle regagna le salon, les filles avaient déjà toutes enfilé leur manteau.
– Non, attendez ! supplia Polly. Ne partez pas.
Elle leur tendit les assiettes en carton.
– Mangez un peu au moins.

Pendant que les amies de Polly dégustaient la gelée et la glace, Beurk arriva en trombe.
– On a encore faim. Est-ce qu'on pourrait ravoir un peu de friandises ? demanda-t-il.
– Non, répondit Polly. Dégage !
– Vous avez déjà eu votre part, dit Maman. On n'a pas envie que vous soyez malades.

Beurk sortit du salon et alla jeter un coup d'œil dans la cuisine.

Le gros gâteau d'anniversaire au chocolat était posé sur la table. On avait écrit le nom de Polly en blanc et saupoudré du sucre glace par-dessus.

Ça avait l'air délicieux.

– Ouah ! s'exclamèrent les autres garçons, quand ils virent Beurk revenir.

Beurk posa le gâteau par terre.

– Polly ne va rien dire ? demanda Tit'Éric.

– On ne va prendre qu'une part chacun et, après, on ira le remettre en bas.

Mais le gâteau était VRAIMENT délicieux.

– Une petite part de plus ne peut pas faire de mal ? dit Pat le Prout en leur repassant le gâteau.

Ils entamaient leur quatrième part, quand Maman frappa à la porte.

– Vous n'avez pas vu le gâteau de Polly ? demanda-t-elle.

Les garçons regardèrent l'assiette posée sur le sol. Il ne restait que des miettes.

Beurk se mit derrière la porte pour la bloquer.

– C'est pas nous qui l'avons, Maman, répondit-il.

– Qu'est-ce qu'on va faire ? chuchota Ludo Crado.

– On va se faire tuer, dit Tit'Éric.

– Vite ! Aidez-moi, demanda Beurk.

Il s'empara du seau qui avait servi à jouer à « Passe la boue ».

– Remplissez-le avec tout ce que vous trouvez.

Beurk vida le pot d'asticots dans le fond du seau. Ludo Crado ajouta du dentifrice. Pat le Prout fit couler de la bave de limace.

Tit'Éric ramassa son vomi.

Les autres le dévisagèrent.

– T'es sûr ? demanda Ludo Crado.

Plouf ! Le vomi tomba dans le seau.

Beurk mélangea la mixture avec ses mains.

– Il faudrait quelque chose qui ait la couleur du chocolat, dit-il.

Ils jetèrent des poignées de boue dedans.

Beurk arracha les ballons de chewing-gum au rot et les plongea dans le seau. **BURP ! BURP ! BURP !** Pat le Prout trouva une toile d'araignée sur son pantalon : il la mit dans le mélange. Ludo Crado touilla la mixture avec sa sucette à la croûte. Tit'Éric ajouta des ongles de pied, puis se frotta les cheveux au-dessus du seau : la bave de limace coula dedans.

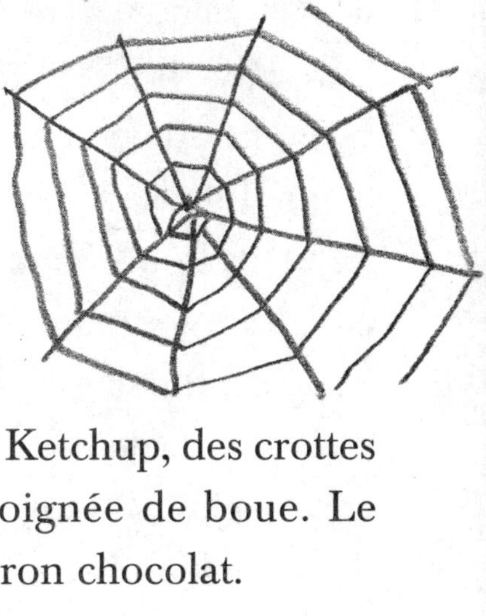

– De la bave au fromage, dit-il.

Pour finir, Beurk mit du Ketchup, des crottes de nez et une dernière poignée de boue. Le mélange était épais et marron chocolat.

Beurk retourna le seau sur l'assiette et tapa sur le fond.

Il souleva le seau et démoula… le tout nouveau gâteau d'anniversaire de Polly !

Il prit le dentifrice et s'en servit pour écrire « Polly » dessus.

Il secoua ensuite la tête au-dessus du gâteau et le saupoudra de pellicules : on aurait dit du sucre glace.

– C'est parfait ! dit Pat le Prout.

– Attendez ! Si c'est un gâteau d'anniversaire, il faut des bougies, dit Tit'Éric.

Beurk attrapa un pot qui traînait à côté de son lit. Il avait écrit dessus : « CIRE D'OREILLE DE BEURK : NE PAS TOUCHER. »

Il prit une poignée de cire dans le pot. Elle était jaune et parsemée de petits bouts marron. Il roula la cire entre ses mains et modela des bougies. Il colla un bout de ficelle sur chacune d'elles, puis descendit discrètement à la cuisine. Il mit le gâteau au frigo et retourna en vitesse dans sa chambre.

C'est Papa qui trouva le gâteau.

– Il est dans le frigo, chérie !

– Oh, tu es un amour d'avoir pensé à ajouter des bougies, dit Maman. Polly va être aux anges.

Polly sourit lorsqu'elle vit Maman et Papa apporter le gâteau dans le salon.

Ses amies l'encerclèrent, puis entonnèrent en chœur :

– Joyeux anniversaire ! Joyeux anniversaire ! Joyeux anniversaire, Polly ! Joyeux anniversaire !

Les bougies crépitaient ; des flammes vertes vacillaient au-dessus du gâteau.

Polly prit sa respiration et…

– Fais un vœu, Polly, dit Lucie Jolie.

Polly ferma les yeux puis souffla.

– Je souhaite que tout le monde reste ici, dit-elle.

– Tu n'es pas censée le dire tout haut, sinon ton vœu ne se réalisera pas, expliqua Daphné l'Ébouriffée.

Beurk, Tit'Éric, Ludo Crado et Pat le Prout descendirent se cacher derrière la porte du salon. Ils observèrent Maman couper des grosses parts.

– Tenez, il y a une part chacune, dit Polly en tendant les assiettes à ses amies.

Beurk ne put alors s'empêcher de ricaner.

– Qu'est-ce que tu fais là, Beurk ? demanda Polly. Tu n'es pas invité !

– Je suis juste venu te dire bon anniversaire, répondit-il.

– Merci, mais ce n'est pas pour autant que tu auras une part ! dit Polly. Y en a que pour nous !

Beurk sourit en voyant un asticot remuer dans l'assiette de Polly.

– Allez, mangez, dit Polly. C'est moi qui l'ai fait.

Beurk observa chacune des filles croquer dans le gâteau.

Leurs narines se retroussèrent.

Le gâteau ondulait entre leurs doigts. Il rampait dans leur nez et se tortillait le long de leur gorge.

Leurs joues se gonflèrent : elles avaient des haut-le-cœur.

Soudain, Astrid Perfide se mit à vomir sur Médusine.

Médusine, à son tour, vomit sur Juliette Pipelette.

Puis Juliette Pipelette vomit sur Charlotte Chouchoute.

Et Charlotte Chouchoute sur Lucie Jolie.

Et Lucie Jolie sur Clip-Clop Chloé.

Et Clip-Clop Chloé sur Daphné l'Ébouriffée.

Et Daphné l'Ébouriffée sur Astrid Perfide.

Polly était assise au milieu de ses amies.
– Il est bon ton gâteau, Polly ? demanda Beurk.

BOUEURH !

Polly, elle, vomit sur tous ses cadeaux.
– T'aurais pas trop mangé, par hasard, Polly ? ajouta Beurk.

Mais Polly ne répondit pas. Des morceaux de gâteau rampaient sur son visage.

– C'est vraiment crade, dit Beurk. Mais c'est ça, la fête des crados !

DÉCOUVRE D'AUTRES AVENTURES DE TON HÉROS PRÉFÉRÉ !

2 HISTOIRES TERRIBLEMENT DÉGOÛTANTES
DANS CET OUVRAGE !

BEURK ADOPTE UN VER DE TERRE

Beurk a un nouveau copain, un ver de terre nommé Crochet. Pour lui, les vers de terre sont tout simplement les meilleurs animaux domestiques qu'il soit. Preuve en est, Crochet lui obéit au doigt et à l'œil dès que Beurk sort sa flûte à bec. Pauvre Polly, elle ferait bien de se calfeutrer dans sa chambre…

LES MAUVAISES BLAGUES DE BEURK

À l'école, Polly a reçu plein d'étoiles pour bonne conduite, Beurk n'en a aucune…
Et si la situation ne s'arrange pas, d'ici la fin de la semaine, Beurk sera puni.
Mais grâce à ses farces et attrapes, Beurk a plus d'une idée en tête pour récupérer les étoiles de sa sœur !

DÉCOUVRE D'AUTRES AVENTURES DE TON HÉROS PRÉFÉRÉ !

2 HISTOIRES TERRIBLEMENT DÉGOÛTANTES DANS CET OUVRAGE !

BEURK ET LE SLIP MAGIQUE

Cela fait six semaines que Beurk porte le même slip, jour et nuit. Maman veut absolument le mettre au sale, mais Beurk a d'autres plans ! Beurk et son slip vont vite mener une drôle de vie dans la maison…

BEURK ET L'ARAIGNÉE POILUE

Beurk a une araignée gigantesque, grasse et poilue qui terrorise tout le monde. Pourtant l'araignée cherche seulement de nouveaux amis. Mais le directeur, mécontent, lui tend un piège et la retient prisonnière sous un verre, dans son bureau. Beurk doit porter secours à son amie…

DÉCOUVRE D'AUTRES AVENTURES DE TON HÉROS PRÉFÉRÉ !

2 HISTOIRES TERRIBLEMENT DÉGOÛTANTES DANS CET OUVRAGE !

BEURK ET LE FANTÔME ROTEUR

Beurk vient de gagner une gigantesque bouteille de Coola-Cola. Beurk la remplit de rots. La bouteille se met à remuer. C'est le plus gros propulseur d'abominables rots du monde entier ! Cachée sous un drap, elle devient un fantôme. Qui va se faire gronder pour avoir mis au point cette terrible invention ? Polly, bien sûr !

BEURK ET LA TÉLÉCOMMANDE MAGIQUE

Avec sa télécommande magique, Beurk peut faire les pires blagues ! Polly, révoltée, se retrouve la cible de son terrible petit frère.